歌って、
恋して、
生きてやる

あるボサノヴァシンガーの告白

Karen Tokita

河出書房

はじめに

ボサノヴァを中心に、歌を歌っているKaren Tokitaです。
この本を手に取ってくれて、ありがとう。

カフェなどでよく流れている、
ブラジルの軽やかな音楽、ボサノヴァ。

なのに、歌っているわたし自身は、
音楽のあたたかさとは裏腹に、
長いあいだ自分を受け入れられず、
心の底にあるしこりに、もがいていました。
けれどあるとき、怖くてしまいこんでいた気持ちに、
フォーカスするきっかけがあったのです。

勇気を出して自分のこと、伝えてみよう。
そうしてつづったブログのひとつの記事から、
このエッセイのお話をいただきました。
人生って何が起こるか、わからないね。

自分のことを二年近く、くりかえし掘り下げる作業は、
ときにとても苦しくて、なんども書く手が止まりました。
覆いしげって心を隠していた枝葉を、たくさん落とすような時間。
でも、きっと光が見えるはず。
もっと、風通しがいいところに出られるはず。
マイナス１００からプラス１になれたら……。
その景色を知りたかったの。
今、やっと自分の感情を、
自分のそばに感じられるようになりました。

模索の中から取り出すことができたもの。
同じように傷ついた心を持つ方や、
生きにくいと感じてもがいている方に、
ほんの少しだけでも感じてもらえたら。
あなたとわたしの間にやわらかな風が吹いたら、
とっても嬉しいなって、思っています。

Karen Tokita

もくじ

恋して

生きてやる

告白

扉をあけて

ぼうっとしたまま、カフェで紅茶を注文する。

窓の外を行きかう人々。薄曇りの空を目に映しながら、かろうじて動く頭で考えていた。

「説明します、来院してください」

病院から届いた封筒をあけると、ボールペンの走り書きが目に入った。

定期的に受けていた、子宮頸がんの検査結果。

結果は「前がん」。

異形成ともいうそうで、がん化する前のもの。

まだがんになっていなくても、突然身近にそれを感じて心が固まるのがわかる。

「初期にわかってよかった。種類がいくつかあるんですよ。

がん化の可能性が高いウイルスの場合、様子をみて、症状が進んだら切るのね。

今の医学では、体にいるそのウイルスは殺せないんですよ」

おじいちゃん先生がおだやかな口調で説明してくれる。

ワクチンはあくまで予防。居ついてしまったものは消せないのだと……。
手の中の紅茶は熱すぎてまだ、飲めそうにない。
いやいや、いま見つかってよかったんだから、落ちこまなくてもいいんだ。
でも……。

わたしは男性に対して不信感が強く、潔癖な部分があった。
幼いころと二十歳くらいのころ、二度の性被害に遭い、トラウマを越えるために人生のほとんどの時間を費やしてきた。

男は年齢も、血も、国も関係なく、女であればそれでいい。
相手に心があろうがなかろうが、セックスができればいいのだ。
そんな怒りと悲しみは、長く消えることがなかった。
生きる希望が持てない。それでも乗り越えたくてもがいてきた。
殺された心を取り戻せない。
自分は無価値だ。
そう感じるわたしに彩りをくれる救いは、音楽だった。

なぜ女ばかりが自分を守る知識をつけておかなくてはいけないの。

なぜこんなに傷つけられて苦しめられなくてはならないの。


セックスが主な感染源といわれる子宮頸がん。

わたしなりにパートナーとは慎重につきあってきた。

けれどそこに思いやりを感じられることはほとんどなかった。

嫌だな、辛いな、と思っても、男性にとってはそれはすべてなんだからと、断ることが怖くなっていった。


次第に相手に考えてもらうことを諦め、自分が対策するしかないと思うようになった。

好きな人から病気をもらってしまったら、背負うしかない。

覚悟を持って受け入れるしかない。


定期的な子宮頸がんの検査にくわえて、パートナーと別れた後は必ず性病の検査もしてきた。

けれど、自分が背負うしかないという思いは間違いだったのかもしれない。

つきあっている間に、嫌われてももっと話すべきだったのだろう。


くやしい。

そんな気持ちが押し寄せた。

何度も、守られないことに泣きさけんできたのに。

わたしが何をしたの？

もちろんすべての男性が悪いわけではないのだけれど、傷を切り離せていなかったわたしは、
そんな気持ちだったのだ。


わたしはまだ幸せになっていない。

せめてひとときだけでもいい、安心して信じて、幸せな時間を感じてから死にたい。


余命宣告でもないのに、ひとしきり考えて、決心した。

検査のこと、長く背負った性被害の苦しみを、ブログに書いてみよう、と。

もういい、と少しヤケになっていたかもしれない。

もしも書いたことでファンの人たちがいなくなってしまったら、歌うのはやめよう。

でもきっと何もかもゼロにはならない、とも思えた。


そして、公開した文章にたくさんのメッセージをいただいた。

共感や勇気をもらったというメッセージに、わたしも勇気をもらうことができた。

一時期は、人前で歌うことが怖く難しくなったけれど、みんなからの励ましやあたたかな言葉

で、抵抗感も薄らいでいった。


わたしは新しい扉を開くことができたみたいだ。

今はもう、自分に価値がないとは思わない。

長い間、壁を壊そうともがいてきた。

いま瓦礫も片づけて、やっと……。

明るくてカラフルな、広い場所に出ることができた気がした。


ほどなくして、わたしの中にいるのはがん化のリスクが高いウイルスだと判明。

同年代の女性、年上の女性の多くから「わたしも経験しているよ」と連絡をもらい、こんなに多いのかと驚く反面、とても心強かった。

中にはパートナーを亡くした男性からのメールもあった。

みんな人知れず苦しんできたんだ……。


もっともっと、暴力や、病が減りますように。

愛と命と、ひとつしかない体のこと。恥ずかしいことではない、大切なこと。

周りの人たちと、たくさん話せる社会になりますように。


このできごとがなかったら、わたしはまだ、扉をあけることができなかったかもしれない。

小さな病変から、そしてみんなのあたたかな応援から、自由をもらったのだ。
わたしの幸せの旅は、これから……。

バツ2、独身、わたしの幸せ

パートナーや子どもは、人生のステキな贈り物。

でも、大人になるにつれて、それがなければ「幸せになれない」といわれても、心にぴったりこなくなった。

なのにたくさん言われるとやっぱりどこか怖くて、気づいたら縛られていたように思う。

「それが普通」「みんなそうでしょ」

そこから外れてしまったら、幸せにはなれないの……?


やっと最近になって、自分の欲しいものにちゃんと向きあえるようになったかな。

わたしが欲しいものはとってもシンプル。

話しあえること。寄り添う気持ちを持てること。

それだけ。


お互いの状況や気持ちの中で出会えた、大切な人と作れる世界があれば嬉しい。

仕事のこと、家族のこと、年を重ねる度に難しさも増えていくから。

欲しいのは寄り添う心……。思いやり。

それがあったら、とても幸せ。でも実は一番難しい気もするね。

そう思うのは、向きあってもらえない日々が何よりも悲しかったからかもしれない。

二回結婚したけれど、うまくいかなかったの。

穏やかでいられることの方が今のわたしには重要みたい。


子どものことも、とても悩んだ時期があってね。

パートナーに「いらない」と言われたとき、それ以上考えることをやめてしまったの。

だけど、女性はどんなに健康でも、いつかは産むことができなくなってしまうでしょう。

そのことが目の前にきたとき、「わたしはあのとき、本当に自分の意思で諦めることを決断したの？　本当にそうだった？」と闇の中に立ち止まってしまって。

友人たちの家族写真も見ることができなくなっちゃった。まさか自分がそんな気持ちになるなんて、思いもしなかったな。


「子供の可愛さ知らないでしょ」「シングルで産めばいいじゃん」「子ども苦手そうだもんね」なんて周りから言われると、心をえぐられるようで。

作れとかいらないとか、どうしてそんなに簡単に言うんだろう。

どうしてこんな気持ちを背負わないといけないんだろう。

……なんて、モヤモヤを溜めこんだりしてたんだ。

わたしは「普通の幸せ」を何も持っていない……。


でも四〇歳を少し過ぎたとき、肩の荷を下ろすことができたの。

もしも縁があるならなるようになる。ひとりではどうにもできないもんね。

子どもを優先して相手を見ることができなかった。それはわたしの性格なんだろう。

きっと違う役目があるのだろうな、……って。

それは諦めだったのかもしれないけれど、不思議と後ろ向きじゃなく、するっと光の方へ通り抜けたような感じだったなあ。運命を受け入れたのかな。

今はもう、友人たちの幸せな報告を見ては頬がゆるんじゃう日々なの。


「普通の幸せ」みたいなものは持ってないかもしれない。

だけど、今のわたしはとっても幸せ。

わたしの幸せは、わたしが決める。

そういう強さが、昔は持てなかったんだよね。


心寄り添って笑顔でいられたら。

大切な人がいてくれたら、それでうれしい。

住む場所も、籍も、お金も、子どもも、幸せに法則なんてないのだから。

どこにでも楽しさを見つけることができる。

どんなふうにだって生きていける。

だから今は流れていく時間に、波に、身を任せている感じ。

周りの人たちからたくさんの愛情をもらっているけれど、これからさらにどんな笑顔に出会えるのかな。

大切に慈しんでいきたい、そう考えるだけで前を向いていけそうなの。

この声の居場所

「あなたの声は使いものにならない」

それが昔のわたしへの、評価だった。


小さいころから歌うのが好きだったけれど、声が小さくてパンチがなくて。子どものころはそのせいか、よくいじめられてたな。それでも、歌が好きな気持ちに影響はなかったの。

ボーカルスクールに行くようになってからかな、路に迷いこんじゃったのは。


当時は、マライア・キャリーやホイットニー・ヒューストン、MISIAやbird……。R&Bが全盛期。


「マイクなしでホールの後ろまで声が届かないんじゃ無理」

「ブリッジしながら一曲歌えないとダメ」

「恋をしてないから感情豊かに歌えないのよ」

もっと大きな声で。もっとダイナミックに。

流行りのあのアーティストのように、歌えなければならない。

あなたの声には価値がない。使えない。

何十人もの「歌の先生」「プロデューサー」と呼ばれる人たちからの言葉。

自分をキライになるのに時間はかからなかったな。

「あなたの声が好きだよ」という友達の言葉は、次第にわたしの耳に届かなくなっちゃった。


やわらかすぎる？　声を潰せばいい？

タオルをくわえて叫んで潰そうと試みたり。

変えなくては。

変えなきゃいけない。

だってわたしはダメなんだから。


五年ほど迷っていたころ。

「大きな声で歌うのばかりが音楽なのかな？　お母さんはそうは思わない。ボサノヴァを聞いてみたら？　あなたの声に合うと思うよ」

母のその言葉がすっと心に届いたのは、迷い疲れてしまっていたからかもしれないね。ＣＤショップに行って、並んでいたアルバムをいくつか買ってみたの。

その音楽には、わたしが大好きな海が見えた。

木漏れ日や風や、笑顔も。歌詞も何も解らなかったのだけれど。

ジョアン・ジルベルトのあたたかな声。

小野リサさんの、やさしくささやくような声。

軽やかなドラムやギターの音色。

目の前がふわっと明るくなった。


わたしもこの声を活かせるかもしれない。

いや、それよりも、わたしはこれを歌いたい。

なんて心地がいいのかしら。

ああ、やっと見つかった。

わたしが探していたのは「歌手になれる道」じゃなくて「わたし自身の声」だったんだ。


ボサノヴァ、歌えるようになりたいな。

そんなシンプルな気持ちになって、ギターも買いにいったの。

だってギターがあれば、一緒に演奏してくれる人がいなくてもひとりで歌えるから。


ひとりでも、歌いたかったから。

ちょっと後ろ向きな理由でギターを買ったし、三日坊主だろうなって思っていたら続いちゃって今に至るのだけど、いつの間にかたくさんの仲間やファンの方に出会えた。

「いい声だね」「ボサノヴァのための声だね」なんて言われるのはまだまだ慣れなくて、照れちゃう。

でも、とてもとても嬉しいの。

わたしの声は「否定され続けたもの」だったから……。

今は好きになれたよ、好きだって言ってくれるみんなのおかげだね。

「使えない」なんて言われつづけたけれど、「素晴らしい」と言ってもらえる場所にたどり着くことができた。合うものに気づかなくて遠回りしていたみたい。ただ嬉しくて、歌うたびに胸がいっぱいになるんだ。ひとりじゃなかったよ。みんなと共有して、いろんな音楽があるよって知ってもらえたらいいな。

もしもいま、行きづまって自分はダメだって思っている人がいたら。

ちょっとだけ、他の場所へも目を向けてみてね。

好きだよって言ってくれる人の声も、聞いてみてほしいの。

もしかしたら、羽根を広げられる場所は他にもあるのかもしれないから。

そのときは、逃げよう

デビューしてプロとして演奏していくことを決めたとき、ひとつだけ自分と約束したことがあるの。ストレートに書いてしまうけど、それは「体を売らない」ことでした。

うんざりするほど怪しい人たちに遭遇してきたから……。「どれだけ歌えるか録音したいから、うちにきてよ」と強引な自称プロデューサー。「お役に立てるかもしれないよ？　食事でもどう？」とメールを送ってくる自称広告代理店の人。

多くの場合セクハラとパワハラはセット。いうことを聞かないと思うと、「僕を怒らせたら、どうなるかわかってるよね？」なんて言葉を耳元でささやかれるようなことも。今だって言いかえすのはとてもエネルギーが必要だけれど、若いころはもっと言いかえせる強さはなかったから、その圧力にとても疲弊していました。

三年目でフリーランスになってしばらくのこと。

ステージで歌いはじめた瞬間、声が詰まって。自分の体がいつもの半分くらいに小さくなったような、そんな気がしました。「ああ、少し休まないとダメだ」心が折れていることに気がついて、半年間、歌うのをお休みすることにしたのでした。

二度の性被害に遭ったと書いたけれど、逃げることができた未遂も含めるともう少し多く、痴漢など面識のない人からの被害やセクハラのようなものを合わせると、数えることができないくらい。多くの女性が体験していることかもしれないけれど、長い間の度重なるストレスから回復する暇がなかったのでしょうね。病院での診断はＰＴＳＤ（心的外傷後ストレス障害）でした。

わたしは周りのミュージシャンの先生や先輩方、多くの仲間たちに過去の経験を話していたから、休業して以来たくさん守ってもらったと感じています。少しでもいい環境を、少しでも元気になるために、みんなが手を貸してくれました。ご飯や落語に連れ出してくれたり、信頼できる場所でのお仕事を振ってくれたり。

「力を抜いて焦らずいこう」「僕は絶対そういう人たちを許さないよ」そんなみんなの言葉は、どれだけ心強かったかしれません。笑顔を失くさないでいられたのも、演奏を続けてこれたのも、そばにいてくれた人たちの存在があったから……。

もし心に背かなければできないような仕事なら、やめよう。屈しそうになったら、そのときは逃げよう。そう決めて二〇年。そのせいで潰されてしまった仕事もあったけれど、苦しみを増やすものは選ばなかった。大切な自分の体を、仕事や人生の選択と天秤にかける大人を許したくない。

わたしの心にとって、やっぱりそれは正解だったなって思います。

今はSNSなどで被害がオープンになることも増えました。でもそれをすることで、どんな心ない言葉が返ってくるかも、みんなよく分かっています。とても勇気が必要なこと。わたしも誰かの文章に、勇気をもらってきたひとりです。

パワハラ、セクハラ、ストーカー。そんなものに悩まされている人は、周りの人たちの助けももらいながら、自分の身を守ってほしいと願っています。「君が悪いんじゃないの?」なんてひどいことを言う人も残念ながらいるけれど、そんな人はスルーして、ひとりで悩まずに助けてくれる人を探してほしいの。

相手の心を無視して自分だけの気持ちや利益を優先する人は、いくつになっても、どこにでもいるみたい。

立ち向かうのだけが強さじゃない……。

わたしも心が無理をしていないかときどき確認しながら、自分の信じた在り方で、これからも進もうと思います。

今日からカレン

「芸名はKarenね」

と、レコード会社の方に名前をつけてもらって、ボサノヴァ歌手としてデビューした二〇年前。

その日から「カレン」がわたしの名前になった。


正直、この芸名は好きじゃなかったの。

つけてくださった方には申し訳ないけれど、わたしには思い入れも何もなかったから。

次第に本名の「カヨコ」で呼んでくれる人はごくわずかになって、ほとんど「カレン」と呼ばれるようになっていって。それと比例するように、自分の心が分離していくような苦しさがだんだん増えてきちゃった。


「可憐で、やさしそうで、名前のとおりですね。怒ったりしないでしょ」

ボサノヴァのやわらかな曲調もあいまって、きれいなイメージで見られているみたい。

そんな人間でもないのにな。怒ったり泣いたりするんだけどな。


もやもやと言葉にできない距離感を抱えながら一〇年以上たったあるとき、恋人とケンカして言われたの。

「カヨコは要らなかった。カレンだけでよかった」

ああ、ついに言われてしまった。

最も聞きたくなかった言葉……。


本当の自分は大した人間じゃない。きれいなばかりじゃない。傷ついて、汚れてる。

「要らない」と言われるのが、ずっとどこかで怖かったんだよね。

だからそれはとてもショックで、バチン！　と心の中で何かが弾けちゃった。

ただ好きで歌っているだけなのに、どうして本来のわたしとは別の人間のように思われちゃうんだろう。

わたしは何を求められているの？


もう嫌だ、もう歌はやめる！

そんな結論にたどり着いたわたしのところへ、どうもモーゼがやってきたみたい。海を開くかのように、二ヶ月間のお仕事がバーっと変更になって、平日のスケジュールが真っ白に。

なんだか『十戒』のワンシーンみたいだなあ、と思っていたら、ずいぶん前に登録した派遣会社から「二ヶ月だけ入ってほしいお仕事があるんですが」なんて電話をもらったの。

そこでお仕事をしたことは一度もなかったのに。

これって、縁かも？　と、繁忙期の会社に飛びこんで働かせてもらったら、ひとつの名前だけで呼ばれる時間に心が落ち着いていきました。

新しい空気が心の中に入っていくような、とても新鮮な日々。

でも夜にリハーサルの予定が入って、どうしてもギターを職場に持っていかないといけない日が、ついにきちゃった。「どんな音楽やってるの？」なんて話になっちゃうよね。


「こんなにいい声してるんだから、もっと前に出なきゃ！」

「わたし、トキタさんの歌、もっと聴きたい」

「通勤の時間も聴くね！」

「カレン」という名前がない場所で、もらった言葉と笑顔。

しぼみそうだった葉が水を吸い上げるように、わたしの心にエネルギーが行き渡ったのでした。


そうだ、わたしはただ、自分らしく歌ってきたんだ。

どんな名前だって、そのままでいいんだ。


とってもシンプルなことなんだ、と気がつくことができた瞬間だったの。

あんなに自分から遠く離れて感じた芸名とかイメージとか、すっかりどこかへいっちゃった。

自分を縛っていたのは自分だったのかもしれないね。

このときのことは大きなターニングポイントだったから、大切な思い出なの。
同じショックはできればもう体験したくないけどね！

「カレンちゃん」「かよちゃん」「ときちゃん」「かれんりん」と。
みんな思い思いに呼びかけてくれる、そのことがとっても幸せ。
どの呼び声にも、「はーい」と勢いよく振りかえるこのごろです。

My memories

思い出アルバム

人生には逆風や荒波の日もある。でも、心地いいそよ風や、さざ波の日もある。
焦らずマイペースなKarenの生き方は、いつも自然体だ。
湘南の潮風に身をゆだね、いつまでも海を眺めていた子どもの頃。
そこに、彼女の原風景があるのかもしれない。

ちょこんとお座り

小さめに産まれたせいか、泣き声も小さくよく寝ている子で、母いわく「まだお腹の中で寝てたいのよ～って感じだった」のだそう。ロングスリーパーなのは今でも変わらずだなあ。

ロックンロール・プリンセス

父の影響でイーグルスなどの70年代ロックが好きだった3歳。歌手になりたいと思い始めたのは5歳くらいからかな？　後ろのオーディオのレコード針、触りたくて、ぐしゃっとしちゃったんだよね。パパごめんね！

今でも手放せない

湘南ギャルのはずなんだけど、カナヅチ。浮き輪が必須な人生です。波に連れられそうになるのが怖くて、海は見ている方が好きだったな。でも家族で海の家でかき氷やラーメンを食べるのは大好きだったの。

全速力でも

「足速そうだね」と時々言われるのだけれど、かけっこは大抵ビリ。とにかく運動が苦手だったの。体育の成績は万年ひどかったな、いつもサボろうとしてたもんね（笑）。この写真、楽しそうだけれど、運動会なんて一番キライ！

夢に向かって

中学生のころには、夢は絞られていたの。先生に「歌手なんてバカなこと言うな」と言われたけれど、詩や小説を交換日記のように同級生とやりとりして、美術部で絵を描いて。完全なるインドア芸術派の3年間でした。

苦しかった高校時代

入学直前、強いお薬の副作用で全身腫れて皮膚が割れ、ボロボロに。制服を着るのも痛くて、学校は休みがちだったの。小さい頃からイジワルされる事がよくあったのだけど、この頃は相手にしている間もなくて全部スルー！　結果的にイジワルも止んで、強くなれたみたい。

モードな通学約2時間

心理学を勉強したくって、時間をかけて学校へ通っていた短大時代。黒ずくめだったり、白いジャケットに赤いロングコートだったり、ちょっとモード？　派手な格好で朝の駅を駆け抜けてたけど、たいてい遅刻。

1 Talk about Karen

カレンちゃんの行動と思考のパターンって、だいたい見た目の雰囲気の逆を想像しておけばいいんだよね。

例えば、朝日と共に起きていそうだけど、日の出が就寝時間。体にいいものしか口にせず、菓子類は好まなそうだけど、実は駄菓子大好き。夏はもっぱら氷菓子で水分補給してる。買い物は吟味に吟味を重ねて選りすぐりをゲットしていそうだけど、割と衝動買いも多い。そして失敗も多い。

たおやかな雰囲気ゆえ、最初の数年は混乱させられたよ。『右に曲がるためには左にハンドルを切らねばならない』という感覚がちょっぴり必要だった。

もちろん雰囲気そのままなところもある。徹底的に人を思いやる心。時には自分自身を削ってでも。カレンちゃんの優しさは強さ。あ、でもスピリットがマッチョってことだから、結局これもパッと見の印象とは逆なのか？　あと運動が苦手なところは雰囲気そのままね。

満島貴子
（フルーティスト）

歌って

ブラジル武者修行

ボサノヴァを歌い始めて、あっという間にデビューしてしまったから、本場ブラジルに半年の滞在ができたのはデビューから一〇年ほど経ったころ。それまでアルバムのレコーディングで一週間ほど滞在したことはあるけれど、街をゆっくり楽しむ時間はほとんどなかったの。

行くことを決めたのは、最初の離婚をしたあとでした。早く空気を変えたかった。それにこの先、長期間お仕事を休むことができるのはいつになるかわからないと思ったから。先輩ボサノヴァシンガーの臼田道成さんにリオ・デ・ジャネイロ在住の方を四人紹介してもらって、出発しました。海外にひとりで行くなんて初めてのこと。わたしはとても怖がりだから、とても勇気が必要だったの。疲れきった反動があったから、飛びたてたと思う。

治安がよくない場所が多いといわれるブラジルだけど、怖がりが功を奏して危ない目にはほとんど遭わなかったな。貴重品はブラブラさせなかったし、ライブは夜遅いものが多かったけれどひとりでは行動しなかったから。その分、本当にたくさんの方に助けてもらいました。不安なとき、苦しいときもやっぱりあって、お寿司屋さんで泣きながらイクラ巻を食べた日もあったなあ。そんなときも、誰かしら食事や遊びに連れていってくれて、いい思い出にすることができました。

ある夜、リオに長く住んでいる方に、演奏のあるバーに連れていってもらったの。日本人はわたしと、案内してくれた方だけ。三〇代だったわたしはブラジルでは二〇歳くらいに見られていたから、ミュージシャンたちは「なんだか小さいのが来たな」って感じだったんじゃないかな。可愛がってくれて「日本人はボサノヴァ好きだね」って言いながら、一緒に演奏してくれました。

何曲か歌ったあと、ミュージシャンのひとりが「今からラジオ局に行くから一緒においで」と言い出して、言われるがまま何人かでラジオ局に押しかけちゃった。わ〜い見学できるんだ、なんて思っていると……。

「はいカレン、ここに座って」「『コルコバード』を歌って」「『オ・パト』を歌って」状況がつかめないまま、マイクの前で注文されるたびに歌いました。横ではさっきのミュージシャンたちが「カレンのすごいところは」とマイクに向かって何やら強力プッシュしてる。さっき会ったばかりなのに！　みんなお茶目で、ノリのいい人たちだったなあ。突然ラジオに出してもらってラッキーだったけれど、あの飛び入り、大丈夫だったのかな？

タクシーに乗って海沿いを走っていたときには、運転手さんとビキニ談義（?）になったりもしたっけ。「ブラジルのビキニ小さいね」「そう？　日本は違うの？」「もう少し大きいよ。わたしは着られない」「着ればいいのに」「無理。文化だから」「ええ〜」

片言での会話だったけど、お互い感心するやら可笑しいやら。決まった場所から乗ることが多かったから、帰るときには運転手さんと「またね〜」ってハグしたっけ。最初のころはタクシーに乗るのも怖かったのに、気づいたらいろんな人たちと笑いころげていたなあ。

ボサノヴァの本場ブラジル。といっても、ボサノヴァはもうほとんど街中で聞けないって知ってたんだ。現地で言われたのは「あなたの国の歌を聞かせて」だったり、美空ひばりさんの「川の流れのように」のリクエストだったりしたの。「どうしてブラジルまで来て歌謡曲を練習してるのかな……」と思った日も、正直あった。

でも、滞在が長くなって、ブラジル人だけでなく日系の方、さまざまな生い立ちの方に会って。いろんなお話を聞かせてもらううちに、故郷を思う気持ちや、違う国の言葉で聞きたい気持ちがわかってきてね。日本語も大切に歌うことができるようになっていったの。

日本ではデビュー当時、「日本語の歌は極力歌わないで」と言われていたから、どうやって日本語の歌をライブに組みこんだらいいのか、よくわからなくなってしまってた。だからブラジルでの経験が、わたしの壁、迷いを壊してくれました。自分の国の言葉や音楽に対して、どうしてあんなに迷っていたんだろう？

帰る直前に行った、リオにある唯一のボサノヴァ・バー「ヴィニシウス」でのライブは、大御所の現地のミュージシャンたちに手伝っていただきました。

「川の流れのように」も、もちろん歌ったよ。

ミュージシャンだけじゃなく、書ききれないくらいたくさんの方と出会って、愛をもらいました。


一生懸命歩いているうちにいつの間にか、たどりついた場所。それもまた人生……。

人もあたたかな、ブラジル。体の大きさも肌の色も、みんな違う。好きなものを選んで、堂々としていて。「あなた、そんなに隠さないの！　もっと肌出して！　ほらきれいよ」ってホストマザーによく言われたっけ。年を重ねても、生き生きとしている姿は何より輝いているよね。

遠い国でつながった縁はひとつひとつが濃厚だったから、またゆっくり文章にしてみたいな。

新しい経験が盛りだくさんで、出発前の断ちきりたかったものはしっかり過去になったよ。

次に行ったらビキニを買って、ビーチに行くんだ♪

Grupo MPB
05 de setemb
Sede Cent
das 18h às

「それはなんの楽器?」

朝、あわてて乗った電車のグリーン席。お隣に座ったおばちゃんから声をかけられたの。

「これはギターなんですよ〜」

「あらそうなの、いいわねえ。お仕事なの？　ごめんなさいねぇ隣でごはん食べてて」

ニコニコとおにぎりをほおばる様子が、なんだかとっても可愛らしくって。

「どうぞどうぞ。わたしは買いそびれちゃって」そうお返事しちゃったら。

「あら、食べる？　作り過ぎちゃったのよね」

とおにぎりを手渡してくれました。


お気持ちはとってもうれしいけれど、初対面の方。どうしよう？

「おしぼりもあるからね、はいお茶もどうぞ♪」

どんどんサービスしてくれるおばちゃん。

車内ピクニックみたいでなんだかわたしも楽しくなって、「ありがとうございます」といただきました。

具は、かなりお酒の効いた酒粕に浸かったシャケだったの。「お酒が好きで強くしちゃうのよね～」と嬉しそうなおばちゃん。実はアルコール・アレルギーのわたし。でもこの量ならセーフ！ 思い切っていただいちゃいました。朝から小さな旅をしたようで、その日一日ずっと楽しい気分だったなあ。

おにぎりを分けあって食べているところは、はたから見たらお出かけ中の母娘に見えたかもしれないね。今でも愉快な気分になれる思い出です。おばちゃん、ごちそうさま。

「それはなんの楽器？」

寝たかった……。お仕事がえりでお疲れモード。新宿からの特急電車の券を買って席についたところで、お隣のおじちゃんに声をかけられたの。ギターなんですよ～と答えると、「どんなジャンルなの？」とお話が始まってすっかり和気あいあいに。

「いいよね、ボサノヴァ。『イパネマの娘』とか好きだな」
「ご存知なんですね！ 嬉しいです」
ハミングするご機嫌なおじちゃんは続けます。
「今日はね、千葉まで行ってきたんだ。僕は映画を作っていてね」
（そういうご趣味なのかな……？）そう思っていると。

「ああそうだ、君、ちょっと出ないか。スタッフから連絡させる。これ僕の名刺。君のもくれる？　明後日あたりどうかな。よろしくね、それじゃ」

そう言ってさっそうと電車を降りていっちゃった。えーっ！

名刺のお名前を調べてみると、NHKで長くラジオドラマを作っていらした佐々木昭一郎監督でした。次の日、本当に制作スタッフさんから電話をいただいて出演するという、なんとも棚からぼたもちな、突然の映画デビューになったのでした。セリフがないワンシーン。それでもとっても緊張したなあ〜！

「それはなんの楽器？」

まるで合言葉みたい。これまでこの言葉からたくさんの出会いがあったの。

これからまた、どんな出会いがあるかな？

ハプニング、上等！

ハプニングはない方がいいけれど、でもどうしたって起きちゃうね。

あるバーでのライブの日。
お店に着いて、「さあ準備だ〜！」と音響機材のスイッチをいれたら、うんともすんともいわないの。お店の方も、前の日にはちゃんと動いてたのにとオロオロ。
ほんと、機械って急に壊れたりするよね。
どうしよう、中止にする？　開演まであまり時間がない……。

よし、生音《なまおと》でやろう。

そう決めて、少しでもみんなの近くで歌えるように、椅子をステージからフロアの真ん中に移動させたの。お客さんにはミュージックチャージをお返しして、聴きたい人だけ聴いていってね、って伝えて。もちろんそれはわたしのギャラになるはずだったんだけど、万全じゃない以上は仕方がない。何よりわたしも自信がなかったから……。でも中止にはしたくなくて。

高架下で、ときおり電車が通過する場所。しかもそんな日に限っていつもよりお客さんは多め。わたしは声が大きくはないから、たくさんの方が来てくれて嬉しいけど、内心はとっても怖かったの。でもとにかくやってみよう、せっかく来てくれたんだもん。

「聞こえる？　聞こえなかったら近くに寄ってね」と言いながら、一曲ずつ大切に、届きますようにと願いながら歌いました。

みんなには、どんなふうに聞こえていたのかな。

わたしには密度の濃い、電車の通る音も遮断するような集中した時間だったように思えたの。

「ちゃんと受け取ってね。とても良かったよ」とチャージを渡してくださった方もいて、その言葉に胸が震えそうなほど嬉しかった！　同時にとってもホッとしたなあ。

状況が悪くても、キャッチしてくれる人が必ずいる。

ほんの少しでも、届いたなら大丈夫。そう信じられる力をもらった夜でした。

ほんとはカッコ悪いところを見せたくないけど、なかなか経験できないハプニングだからこそ、特別な夜になったんだなって思うの。

あの夜の会場の空気感は、今でも忘れられない。みんなの拍手がとても熱く感じられて、きっとボサノヴァの神様がついててくれた……そんな気がして。

コロナ禍に突入して、ライブのひとつひとつが大変になって生活が変わってしまったけれど、今だから起きる何かがきっとあると信じたい。

本当は怖かったあの生音ライブのように、だからこそ生まれる特別なものがあるかもしれないもんね。できることを探しながら進めば、きっとどこかで何かしら糧になる。そう思っていたいな。

やっぱり座右の銘はこれしかない。「ハプニング、上等!」。ねっ。

お金のはなし

ちょっとお金の話なんかも書いてみようかな。そう、ギャラのお話です。

音楽事務所に所属していたころは月給制で、月一〇万円。テレビに出ても変わらないのね。どうやって生活してたんだっけ？

三年目でフリーランスになったら、言葉の通り、自由！　気持ちはとっても楽になったけれど、なんでも自分でやらなくちゃいけなくなって。

わたしの場合、演奏のお仕事は大きくふたつの方法があって、ひとつは企業や団体からお声がかかる「演奏依頼」。最初のころは「これくらいです」と、希望をいうことにとても気力を使っていたんだけど、そのうち強くなってしっかり話せるようになれたの。今では先方の企業へ出向いたりも楽しいし、そういうこともスムーズに交渉できるように進化しちゃった。新型コロナウイルスが流行するまでは、八割ほどがこの依頼のお仕事でした。

もうひとつはライブレストランなどで自分たちが企画するもの。「自主企画」とか「リーダーライブ」なんていって、普段よくＳＮＳでお知らせしているのはこっち。

自主企画の場合、お知らせして集客するのも演奏内容を決めるのも自分たちでやるんだけど、ギャラの決め方はお店によってまちまち。いくら、と最初から決まっている「固定ギャラ」、お客さんが好きな額を渡してくれる「投げ銭（チップ）制」、ミュージックチャージをお店と分ける「チャージバック制」、が主なところ。

満席ならとっても嬉しいけど、お客さんの数よりメンバーの人数の方が多い、なんてことがもしもあったら青ざめちゃう！　いつもドキドキなのです。

でもね、コロナ禍になってつくづく思うの。企業も、飲食店も、お客さんも、みんな立て直しが大変なとき。今までほんとうにたくさんの人たちのおかげで歌えていたんだなって。

社会保障のないフリーランスのミュージシャン。ときにはバイトしたりして足りない分をカバーすることもあります。自由で楽しいと思えることもあれば、このままで大丈夫かしらって不安になることもやっぱりあって。でもそんなとき、先輩ミュージシャンに言われたことを思い出すの。

「続けることが何より難しい。それだけでじゅうぶん芸なんだよ。すごいことなんだよ」って。

音楽のお仕事は、その日聴きに来てくれたみんなと一緒に歌の世界をつくる、とっても素敵なもの。迷う日もあるけれど、大好きだから勇気を持って進みたい。

自分しか、自分の人生に責任は持てないもんね。

江ノ島
えのしま
Enoshima

難敵ガングリオン

ギターを手にしたのは二五歳ごろだったかな。ボサノヴァを歌いたいと思って始めたの。二六歳の終わりにデビューしたから、あまりに短期間で、最初は一回一回のライブがとっても大変だったなあ。楽器を始めたのは遅かったのに、そこから二〇年ギター弾き語りのスタイルで演奏するなんてね。三日坊主だったはずなのにって、自分でもびっくり。

でもこれからは、ギターをあまり弾けなくなっちゃうかもしれないの。

わたしの左手首には、ガングリオンという症状があって……。

手をついたりすると「痛いな」と思うくらいだったんだけれど、ギターを弾くようになってからどんどん悪化してしまって。ガングリオンというのは原因不明の症状なのだそうで、関節のコラーゲン質の潤滑成分がそこだけで溜まって大きくなって、神経や骨を圧迫してしまうもの。

いつも鈍痛があって、大きくなってくると指がうまく動かなくなっちゃう。注射針を刺して中のものを抜くのはとってもストレスだし、何より刺し違えたりすると猛烈に痛い！

ライブ前にその応急処置をしなくてはならないときもあって、痛みに耐えつつなんとかやってきました。

補助器具を使ってフォームを改善してみたり、使うコードなどもいろいろ工夫しているんだけれど、わたしの手は小指だけ極端に短くて、とってもバランスが悪いの。人より多めに手をひねらなくてはならなくて、どうしても傷めやすいみたい。

長い間いろんなお医者さんに診てもらったけれど、もう治療法がなくなっちゃった。残すは手術だけ。でも一番使うところだから、お会いしたお医者さん全員の見解は「手術せずに無理のない範囲でいくべき」だったの。手って腱がすごく複雑なんだって。

これ以上演奏していけないかな、と迷う日もあったんだ。ギターを弾きながら歌うことにすっかり慣れて、ないと歌えなくなってしまっていたから。

でも、わたしは本来「歌を歌いたい」人間。だから、自分でギターを弾く範囲を調整することにしたの。そのために弾き語りではもうできなくなった曲もあるんだけれど、そういう曲はピアノやもうひとりギターがいる編成のときに歌うことにしたよ。

もうそうしたことで活動の質は左右されないと思える今日このごろだから、スケジュールや編成を工夫しながら、お仕事しています。

わたしにできる美しい音楽をこれからも探して、作っていきたいな。

ギターはわたしの音楽の味方。

「そのパンチのない声じゃ歌手にはなれないよ」とトレーナーに言われつづけた人生で、ボサノヴァに出会ったとき、「誰も味方がいなくても、好きな歌が歌えるように」と手に取って。


そこから、たくさんの仲間やファンができた。

以前は誰かの力を借りるのが下手だったり、罪悪感があったりしたの。

でも今は、何かが欠けたのなら誰かの力を借りよう、自分で全部できなくても大丈夫、って思うようになったんだ。そうやってチームになっていったりするんだなって知ることができたから。


助けを借りて工夫とメンテナンスをしながら、大好きなこの楽器とみんなと、ゆっくり歩んでいけたらいいな。

CDG

URBAN TERRACE
11:00-15:00
土日祝 11:00-17:00

BRICK SQUAR

Talk about Karen 2

共演するラジオ番組では、僕の渾身のギャグを悪戯に笑みを浮かべながら流したり、逃げ場のない生放送であえて無茶振りをしたり、清楚なイメージとは裏腹に、そんな小悪魔的な側面もあったりする。

こちらが元気がない時に何気なく連絡をくれたり、必要なことを先回りしてこなしてくれたり、時には音楽仲間を集めてお茶会を開いたり、気のいいお姉さん的な一面もある。でも、素直に弱音を吐いたり無邪気だったり、少し妹気質な一面もあるのだ。

おっとりしてるように見えて、とてもアクティブ。いや、アクティブとのんびりが入り混じる独特のリズムがあるというべきか。

そんな2つの気流が自然に絡み合うKaren Tokitaが歌うボサノヴァだからこそ、時間の流れを忘れて、全てを委ねてしまいたくなる世界観を描き出すのだろう。

今井亮太郎
(ブラジル音楽ピアニスト／オルガン奏者／プロデューサー)

恋して

減点方式ミュージシャン

「あの、お時間ありませんか？　一杯だけ一緒に飲みませんか」

ある日のこと。

お友達のライブへ行く途中、信号待ちで声をかけられたの。


横に立ったその人を見ると、なんだか少しオドオドしてるお兄さん。

声かけられるなんてめったにないから、本音はちょっぴり嬉しかったり、（何かの勧誘かな？）

なんて心配に思いつつ。

「ごめんなさい、時間ないんです。これからお友達のライブで……あ、お暇なら来ますか？

すぐそこです」と、うっかり冗談めかして言っちゃった。


まあ、普通はこれで会話は終わるでしょ、と思いきや。

「えっ、いいんですか？　じゃあ」

まさかの答えに「えっ、いいんですか？」と同じ言葉を返しちゃったのでありました。


その日の演奏者だったお友達には「今そこで会ったばっかり？　信じられない！」と笑われ

ちゃった。正直なところ「なんであんなこと言っちゃったんだ……」と後悔したけど、きっと彼も怖かったよね。いきなり薄暗いライブバーに連れていかれちゃったんだから。


でも楽しんでいってくれて、数日後にはわたしのライブにも来てくれたの。

まだ何にも知らないけれどいい人なのかも。仲良くなれるかな？

ライブ終了後「ありがとう」と声をかけて見送りました。「すごく楽しかったです」とLINEをもらったそのあと。わたしからのメッセージは、ついぞ既読にならなかったのでありました。


ちょっと待って。一体何が悪かった？

そういえば「清楚な人がタイプなんです」って言ってたわ。

演奏後の崩れたパンダ目メイクで声かけちゃったの、まずかったかしら。

ちゃんと教えてからブロックしてよね〜！

お友達にもなれないまま終了。ちーん。


突然降ってきた出会いもおもしろいかもしれないな、ってちょっと期待しちゃったんだけれど、ミュージシャンの出会いってあるようでなくて、意外と難しい気がするよ。

仲良くなってライブに来てくれたあと、上手く進んだことないもんね。

「周りにたくさん異性がいて嫌」

「おとなしそうと思ったけど派手なんだね」

うん、そう見えちゃうのかもしれない。


逆に、先にライブを見ているパターンも難しいな。

ステージでは照明が当たって、ヘアメイクさんがお化粧してくれて、三割増しのフィルターがかかる。


「ライブのときみたいな格好してきてほしいんだけど」

うん、ドレスはね、ステージ衣装だからね。歩くの大変なのよね。

「いつもそばでやさしい声で歌ってほしい」

うん、同じフレーズをね、「あ〜！　できなーい！」ってキレ気味でくりかえし練習してるけど、いいかしら？


ミュージシャンは、なにかと根性がいる。


終電が迫り、着替える時間もないままドレスで慌てて電車に乗り、地元に着いたらタクシーは長蛇の列。ドレスのままとりあえず駅前で牛丼を食べる、そのドラマ感を楽しめるのか。

帰宅後、行き倒れの旅人のようにバタッと寝てしまい、ゾンビメイクと共に迎える爽やかホラーな朝を味わえるのか。

そこには、さっきまでの癒しの世界とは違う時間が横たわっているのだ……！

ああ、ピアニストの永田ジョージさんの名言を思いだす。

「僕たちは完全に減点方式だよね。ステージにいるときがMAXだもん。カッコよく見せるのも仕事のうちだし。でもプライベートになるとひたすら減点されていく」

いやいや、ゾンビなわたしも可愛がってほしいんだよ。

どうか恋は加点方式で見てほしいの。お願いね〜!!

シーグラス・ストーリー

体育の授業は嫌い。でも校庭で体育座りしているのは、ちょっと好きだったな。

キラキラかがやく砂を指先にすくっては、「どれが光っていたんだろう?」と見ていたの。

大人になった今も透明なガラスや、水晶などの天然石が大好き。


浜辺に落ちているシーグラスをアクセサリーにするのが、ちょっとしたわたしのライフワーク。

ガラスの破片が海で揉まれて、磨りガラスのように丸くなったもの。

本当はゴミだったはずのものが、時間を経て宝物のようになる……。いつのものなのか、どこから来たのか。見ることができないストーリーに、なんだか惹かれてしまうんだよね。

傷も個性になる、たったひとつしかない形が愛おしくなっちゃう。

だからなのかな、シーグラスには〝奇跡の出会い〟のパワーがあるんだって。


わたしたちもみんないろいろな波をくぐって、それぞれの形になっていく。

そんな気持ちもどこか重ねて、身に着けたくて始めたの。

洗って、穴をあけて、ワイヤーで天然石と一緒に留めて……。

ほわっと内側から光るような、淡いブルーや雲のような白。見ていると自分の音楽にもイメージがつながるようで、感性が広がっていくみたい。

ツアー先が海の近くだったりすると、必ず探しにいっちゃう。地元の方に聞いてみると、「自分だけの穴場」にこっそり連れていってくれたり。そんなことも楽しみのひとつ。


ただ好きで作っていたものだったけど、「売って〜」とリクエストをいただくようになって、ときどき販売することがあるの。

「あまり出かけなかった娘が喜んで着けて出かけました」なんてメールをもらったりすると、奇跡の出会いが起きているのかなって嬉しくって。マイペースにこれからも作れたらいいな。


かつて校庭で体育座りして授業そっちのけでキラキラする砂を探していた、そんな自分を思い出してちょっと笑っちゃう。

今は砂浜で宝探ししているんだから、ちっとも変わってないんだけどね。

ボールペンよ、ふたたび

ブラジルのリオ・デ・ジャネイロに着いたとき、早々に向かったのは文房具屋さん。最近はパソコンで譜面を書くようになってきたけれど、本当はブラジルの五線ノートが好き。日本のノートよりほんの少し大きいサイズが絶妙で、とても使いやすいんだ。

海外の変わった鉛筆や無骨なシャープナー、ニュアンスカラーがたくさんある日本の色鉛筆やインク。おしゃれなノートや便箋……。

使うあてもないのに、つい立ち止まって手に取っちゃう。わくわくするもの、手に馴染むもの。どれも「なんとなく」自分の感覚なんだけれど、それが自由で楽しい。ああ、今日もときめきが止まらない。

コロナ禍でネット配信のライブをするようになったとき、ドイツ在住のボサノヴァシンガーのＮＩＬＯちゃんとふたりで、チップを入れてくれたお客さんへお礼のメッセージカードを書いたの。それ以来、配信のライブを支えてくれるみんなにお礼のハガキを書くようになったんだけど、これがまた楽しみで。

お手紙を書く機会ってどんどん減っているもんね。いざ書こうとすると漢字が出てこなかったり、バランスとれなかったり。わたしは悪筆だから、字を書くのはちょっと自信がなくて筆不精。でも、大好きなペンやインクを選んで、送る人を思って書くのってとても豊かなひととき。文房具が好きって、なんて実用的な趣味なのかしら。

筆記具は、アクセサリーと同じくらい大好き。
きっかけは高校生のころに手にした有名なメーカーのボールペンかな。

「働いている国では、このブランドのマークはある国の国旗を連想させるから、使うことができないんだ。持っていてはダメだから、あげるよ」
そう言って、中東で長いあいだ単身赴任していた父が譲ってくれたものだったの。

適度な重量感があるその銀色のペンは、少しもったりした書き心地。でも不思議と書きやすくて、すらっと美しいフォルムをしていて。当時、価値を全然知らなかったのだけれど、このペンが似合う上品な大人の女性になりたいなって、とても大切にしてた。

でも、どこに置き忘れてしまったのか……いつの間にか失くしてしまったの。
(お父さん、ごめん)

また購入したいと思ってもすでに廃番になっていたから長いこと諦めていたのだけど、最近になって突然「そうだネットがあるじゃない！」と気がついて。

捜索の結果、無事にもう一度、同じボールペンを手に入れることができました。

いつかは手元にないことを後悔する気がしたから、見つけることができて良かった。


コロナ禍で年賀状や手紙が復活したといわれているけれど、わかる気がするなあ。

メールももちろん嬉しいけれど、お家のポストをあけたときに手書きの文字のお手紙が入ってる、って最近はほとんどないから、やっぱり嬉しい。気持ちが高揚するよね。


どんなものも、争いの種になったりしない世界になるといいね。

あの美しいペンが、どこでだって使えたらいいのに。

歌と同じで、文字も、愛を伝えるもの。そうであってほしいな。

そして名演が生まれた

二部制のライブで、一部のステージが終わっての休憩時間。ライブに来てくれた知人に「来てくれてありがとう」と声をかけたら。

「いや〜今日はね、○○くんも誘ったんだけどね、断られちゃってね。△△さんとデートみたい。できてんだよなあのふたり」

……えっ、と？　その○○くんは、わたしの彼氏のはずなんですけれども？

頭の中が一瞬ショートしかけて、「そうなんですね〜」と慌てて笑顔を作る。

「じゃあ、次のステージの準備をするのでまたあとで。楽しんでいってくださいね！」

ひらひらと手を振って楽屋へ逃げもどり、どわっとテーブルに突っ伏した。

「どうしたの？」

ドラムの服部正美さんとピアノの鈴木厚志さんがおっかなびっくりわたしを覗きこんでいる、そんな声がする。顔を上げなくたってわかる。

「うぇ〜」

とりあえず、ちょっと泣いた。

「〇〇さんと付き合うことになったんですよ」なんて、知人たちに唐突に報告することでもないな。会えたときに言えばいいよね、なんて思ってしばらく経っていたころ。

確かに彼からの連絡は減ってた。忙しいんだって誕生日も祝ってくれず過ぎていたのに？　そうですか他の女性と会ってたから忙しかったのですね、そうですかそうですか。

二部のステージまではあと二〇分。

とりあえず一〇分はメソメソしよう。

服部さんと鈴木さんに「彼氏ガ浮気ヲシテイルト今ソコデキイタ」と、息継ぎなしアクセントなし虚無顔で説明する。

「ええ……大丈夫？」

残り一〇分。

深呼吸する。

ちょっとしか泣いてないから目は大丈夫。もう我慢しなきゃ。
こんなときに愛の歌はこたえるよ。
負けてなるものか。
これを越えたら今日の歌はもっとわたしの体に入るはず。もっと心がこもるはず。
そうでなきゃやってられない。

「大丈夫です。お客さんには見せられないから!」
軽く頬を押さえて気合いを入れる。

「よろしくお願いします!」

振り切るようにステージに出た。
追い詰められたとき、苦しいときに名演は生まれる、って先輩たちが言ってたもん!

One day Karen

ライブの一日

ライブが行われる、ある日のKaren。ステージの裏側に密着した。

緊張感の中にも楽しむ気持ちを忘れない彼女。

デビューから約20年、気の合う音楽仲間と、これからもステージに上がり続けるだろう。

14:00

渋谷のJz Bratへ。皆さんとご挨拶して、楽器のセッティング。さあステージ作りです。
照明や立ち位置、各楽器の音のバランスを確認したり、事前に送っていたチラシやプログラムをお席に配布したり。

15:00

リハーサルへ突入。スタジオでも事前にリハーサルをしているけれど、現地で改めて確認しながら曲を通していきます。その場でコードや構成が変わることも。スムーズに運ぶとホッとします♪

17:30

ご飯タイム。リハーサルが終わって、メンバーたちは賄いをいただきます。Jz Bratさんはごはんが美味しいんだけれど、わたしはシリアルバーをかじりながらメイクさんに顔面立体加工を施してもらうのであります。

取材日：2022 年 11 月 10 日
会場：渋谷 Jz Brat sound of Tokyo
演奏メンバー： 川満直哉（フルート）
神村晃司（ピアノ）
五十川 博（ベース）
服部正美（ドラム）

18:00

お店がオープン。少しずつお客さんが入ってくる声を聞きながら、まだまだヘアメイク。いつもは自分でメイクすることがほとんど。この日は数年ぶりにヘアメイクアーティストの高塚一昌さんがお化粧してくれました。デビューの頃からのご縁です。

19:00

ライブスタート！ 始まってしまうとあっという間に時間が過ぎていくね。長い時間、準備してよかった。緊張もするけれど、ステージからみんなの顔が見えるのが嬉しい。来てくれてありがとう〜！

22:00

ライブ終了。名残惜しいけれど、お客さんをお見送りして機材類をお片付け。着替えたり、利益の精算をお店としたり。お店を出るのはいつも終電ギリギリ。着替えているけれど、ヘアメイクはそのまんまで電車に乗っちゃいます（笑）。お疲れさまでした♪

Talk about Karen 3

Karenさんとの出会いは2011年の春。共通の音楽仲間を介してTwitterでつながった彼女が近所の店で演奏すると知って「聴きにいきます」と連絡したら「楽器を持ってきて」と言われ、「飛び入りで2曲ぐらい演奏を」と聞いていたのに蓋をあけたらセットリストの半分ぐらいの譜面を渡されて面食らったのを今でも思い出します。ブラジル音楽の知識も経験もなかった僕の演奏はあまり褒められたものではなかったはずですが、何故かその後も多くの共演機会をいただき、彼女を通じて多くのミュージシャンやお店の方、そしてお客様と知りあうことができました。何度か公言していますけど、僕が今でも演奏活動を続けていられるのはあのとき彼女に「見出された」(!?)おかげであって、もはや単なる音楽仲間の域を超えて「恩人」だとさえ思っています。そんなKarenさんの未来に幸多からんことを！

川満直哉
(フルート奏者)

生きてやる

みのむし・デイ

もう、いい。

もう全部やめよう。

もう何もしたくない。


……なんてベッドの中でやさぐれちゃう日、たまにある。寝る間際だったり、起き抜けだったり。


お友達に「もうわたしはダメだ歌えない、もう辞めるうううう〜」とめそめそＬＩＮＥする……こともある。けど、さすがにこの年だもの、自分のトリセツはそこそこ把握してる。

だいたい疲れが溜まってるか、お腹が空いているかだったりするんだよね。単純。

そんなときはジャンクでもお菓子でもいいから好きなものを食べて、ひたすら休むのだ。後回しにしてもいいものは、全部うぉりゃっと投げ出して、パジャマからパジャマに着替えるべし！


人に会うのもお仕事も大好きだけど、続くとガクッとエネルギー切れしちゃうタイプ。

非効率な自分がうらめしいけど、仕方ない。生きるって気力体力もろもろ使うもんね。

限界までゴロゴロすればそのうち飽きるはず。

癒しだったボサノヴァも、演奏するのをお仕事にしてしまったから、スイッチをオフにしたいときはできるだけ無音。聴くとついつい、ああこれ練習したいな、この人の声いいな誰だっけ、なんて考えてしまうから。


ミノムシのようにおふとんに丸まって、寝るだけ寝て。気が向いたらお散歩して、ひなたぼっこして、カフェでお茶でも飲んで、ぼーっと海を眺めたりして過ごします。


波音の中で波間がキラキラと宝物のように光るのを見ていると、段々と心が潤うみたい。

お日様にあたって、子どもたちがはしゃいで駆けていくのや、のんびりと浮かぶサーファーを眺めて……。


気がつくと、ボサノヴァを口ずさんでいたりするの。

やっぱり、自然のある風景によく似合う。

国が違うはずなのに、見ている風景とおんなじ。小さな船が進んでいく。

ぴったり心に寄り添ってくれるみたい。

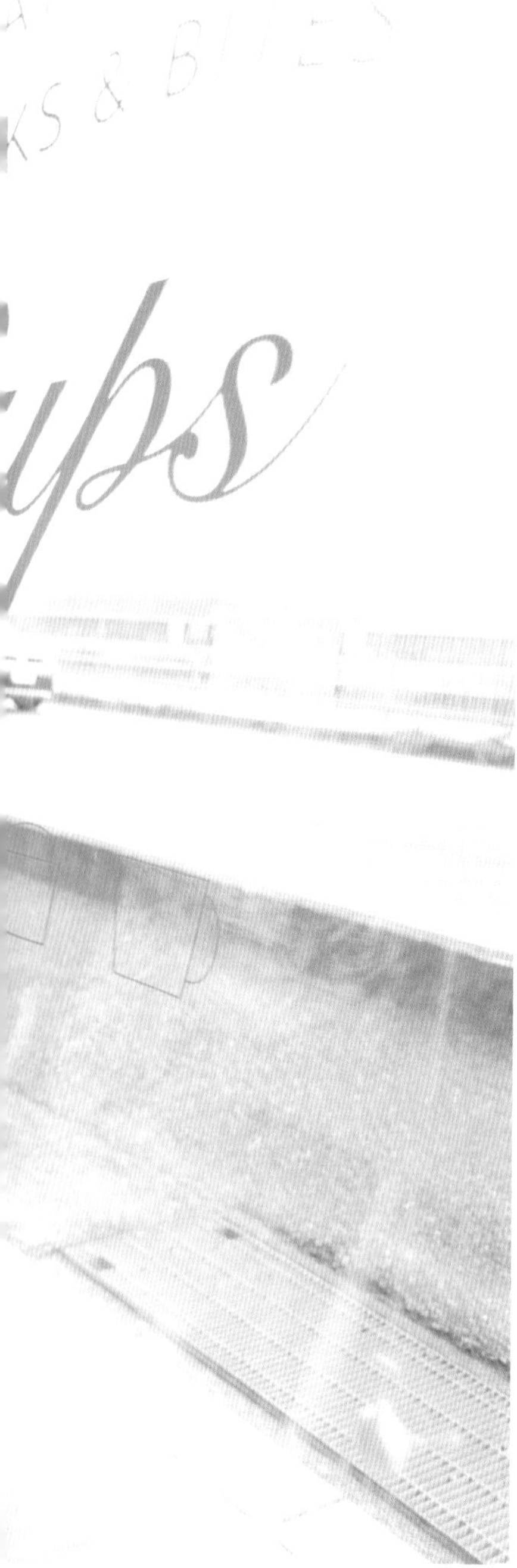

公園で木々が揺れる下にいるのもいいよね。コンビニでフルーツサンドとか買ってね。

歌いたいなぁとじんわり思ったら、チャージは完了。ゆるゆると過ごして、心まであったまったミノムシはまたゴソゴソと蓑から這いだすのでありました。

すっかり仲間内では、「カレンちゃんはパジャマからパジャマに着替えてる」とか、「また夜にお菓子食べてる！」「カフェに住んでるの？」と言われるようになっちゃった。

なんだかわたしの蓑はお菓子かお布団でできてそうだけど、ご機嫌ならいいよね。

カレンのカレンダー

「カレンちゃんさ、カレンダー作らないの？　カレンのカレンダー！　なんちゃって！」ってサックス奏者の菅野浩さんに言われたのは何年前だったかしら。

最初は恥ずかしくて仕方なかったんだけれど、今も続いているのは喜んでくれるみんなのおかげ。

親戚のお家にも飾られていたんだけれど、それをみたイトコの娘ちゃんが。

「おねえちゃん、こんなふうにきれいになれるんだね」って言ってたんだって。

最近の写真はばっちり加工できるから、まあ任せてよ。……ってそうじゃなくて。

わたしは中学に上がってすぐに背骨が曲がりはじめてしまったの。脊柱側湾症という体の変形。背中はいつも痛いし、背骨から頸椎や腰椎、いろいろなところがねじれていて見た目もコンプレックス。

肺を圧迫していて肺活量が少ないから、歌にはちょっと不向きな体かもしれなかったんだ。たくさんの人に「その声量ではダメ」って言われてきたけど、やさしく置くような歌い方はボサノヴァに合ってたみたい。

どんなに嫌だと思っても、変えられないものってあるね。

この体は変えることができないから、受け入れて工夫するしかないなって思うようになったの。それは子どものころから何件も病院へ行って、治らないとわかった結果でもあるのだけれど……。

自分の好きじゃないところってキリがないから、なんでも工夫していくしかないのかもしれないね。お化粧やファッション、それから心も。

自分のいいところは見えにくいから、お友達に教えてもらうのもいいよね。

どんどん褒めあおう♪


……なんて、そうやって気持ちを切り替えてきたんだけど、それでも、自分自身を乗りこなすことはとても難しかったな。コンプレックスってなかなか消えないものね。誰かひとりでも「好き」と言ってくれる人がいたらいい。遠回りもしたけれど、嫌いな自分を受け入れる心の工夫をしたことで、今の自分や歌につながっていったかなって思うんだ。


イトコの娘ちゃんも同じ側弯の症状があるから、不安だったみたい。だからほっとしたんだって。コンプレックスを受け入れたことが誰かの希望になったなら、こんなに嬉しいことはないよね。わたしにとっても、とても励みになったの。

ダジャレから始まったカレンダーだけど、おばあちゃんになるまで作っちゃおうかな〜！

離れていても

旅に出たいなあ。

コロナ禍ですっかり遠出の演奏ができなかったこの数年。配信ライブもいいんだけれど、そろそろみんなに会いにいきたいな。遠方で演奏するときは、人づてにご縁をいただいたり、ホームページやSNSから相談をもらったりして決まることが多いの。いつもと違う、ときどきしか行けない場所や初めての場所。駅弁を食べたり、名産を食べたり、おすすめのお店で食べ……って食べてばっかりじゃないかーい。

それは半分冗談だけど「出会い」が何よりの楽しみなの。食べ物も、場所も、人も。

以前「与論島でライブがしたいな」とSNSでつぶやいたときのこと。

「僕の家族のお店でどうですか」「わたしが行ったときに歌わせてもらったカフェ素敵でしたよ」「ここもオススメです」と、コメントをもらって、あれよあれよという間に地元の方々とライブ企画がスタートしました。昔なら考えられなかったことで、その気遣いに胸がいっぱいになっちゃった。これはもう楽しいライブをしなくっちゃ！

たくさんのメールをやり取りして、「皆さんボサノヴァを普段聴いたりするのかなあ？」なんてドキドキしながら島に着いて。商店街の入り口に立ったとき、お店の窓にたくさんのチラシが貼ってあるのを見て、感激で泣きそうになっちゃった。お会いする前から、そんなにたくさんの力を貸してくださるなんて想像もしていなかったから。地元のミュージシャンたちとセッションしたり、郷土料理をいただいたり。いっぺんに与論島が大好きになったの。その後も東京で与論出身のミュージシャンのライブに呼んでいただいたりと交流が続いています。

鹿児島の南九州市の頴娃町《えいちょう》では、わたしたちを呼んでくださるときに、数ヶ月前からミーティングをしてくださっているそう。町の人が集まるきっかけになっているなんて、とっても嬉しい。「カレンライブこちら」と手書きのボードを近くの電柱にくくってくれていたり、当日はおやつの物販まで出てお祭りみたい。次の日は実行委員の皆さんと名物を食べにいったり、ワイワイ過ごすのも楽しい時間なの。

楽器を担いであちこち行くのは体力を使うけれど、観光旅行では見ることができないその地域の深い部分、独自の文化や人の出会いを感じられることも多いの。どこへ行くにも、その土地に住むみなさんのあたたかさや笑顔に、わたしたちが力をもらってると感じます。

「来てもらってよかった」「初めて聴いた、癒されたよ」そう言ってもらえたとき、歌っていてよかったなって心底思います。一緒に作って、一緒に楽しんで、その時間が何よりの宝物。音楽はみんながつながるためのツールでもあるね。

みんなで満天の星空を見たり、うちの隣の林あげようか？　なんて言われたり。

まるでちょっと離れている家族のよう。だからわたしも恋しくなって、早くみんなに会いたいなって思うんだ。


「早くおいで」「また来てね」「おかえり」

そんなふうに歓迎してくれる人たちがいろんな場所にいてくれるって、なんて幸せなのかしら。

またみんなの住む場所へ会いにいくからね。

ふわりと、ビョーン

プレッシャーは頑張れるパワーにもなるけど、わたし結構、弱いかも。

「ホップ、ステップ、ふわっとジャンプ」っていう抱負を、いつだったかの年頭にラジオで話したことがあったの。大きな目標を目の前において、「ガツーンと走ってビョーン！」って飛ぶのも楽しいんだけれど、怖くなっちゃったり、いっぱいいっぱいになっちゃったりすることもあるじゃない？　でも前向きでいたいから、ふわっとね、って。

目標は持っていたいけれど、それが遠くて苦しくなっちゃうときは小さなことから少しずつクリアしたい。こういうの、心理学用語で「スモール・ステップ」っていうんだって。自分のペースでちょっとだけ欲張ろうって思うと、そこそこできそうな気がして楽しくなってくるもんね。

これまで自分のことがキライだったから、どこかで自分のことを見ないようにしていた気がしてたの。でもやっと受け入れられるようになって、なんとなく軽やかで楽しい気分の今のわたし。荒い波にただ揺られていた船が穏やかな海にでて、港に寄ったり、イカリを降ろすことをやっと学んだような。これまでよりも見晴らしがいいけど、一気に走るというよりは、もうちょっとだけ凪いだ海を感じていたいから、少しだけ背伸びするのが気分かな。

もうちょっと上手くなりたいな。

もうちょっと多くの人に届けたいな。

もうちょっと幸せになりたいし。

もうちょっといい女になりたいぞ。

ちいさな「もうちょっと！」がいっぱい。これはこれで、けっこう欲張りだね。


歌が好きだけれど、一番フィットしたのがボサノヴァだったの。

あったかくて軽快で、海風が通りぬけるような音楽に救われてきたから、わたしもそんな世界を作って伝えられたらいいな。

それを一緒に楽しんでもらえたら、いろんな人たちがつながってくれたら嬉しい。

もうちょっとだけ、たくさん。ね。


ちょっとずつならできそうだなって、なんとかなるねって。

そんなふうに自分を信じられる今は、光を感じられてる。

光合成をするように、心の葉からたくさん新しい酸素《うた》を生み出したい。

心が濁る日の思いももちろん必要。何を感じて濁るのかを、知りたいの。

そして心が澄みわたる日は、少しでも長くこの透明度がつづくようにって感じていたいな。

見て、受け取って、味わって。

どんな時間も経験も、最後は歌の世界へ映していきたい。

凪いだ海のような「未来の目標」だけれど、これまでまあまあ波乱万丈だったから、もうしばらくは穏やかでいたいな。

プレッシャーに弱いというよりは、息切れしない加減を自分でわかってるのかもしれないね。ゆるやかな速度で進んで、余力があったときにビョーンってジャンプするのだっていいよね。それまでは、ふわっとね。

年をとるのも、あっちこっち大変になるけど、どんなふうに熟してゆけるのかな、どこにたどりつけるかな、って、ワクワクしていたい。

わたしも、わたしを観察するのがおもしろいこのごろ。

Karenは次は何をやるのかな?

どんなふうになっていくのかな?

のんびり一緒に見てってね。

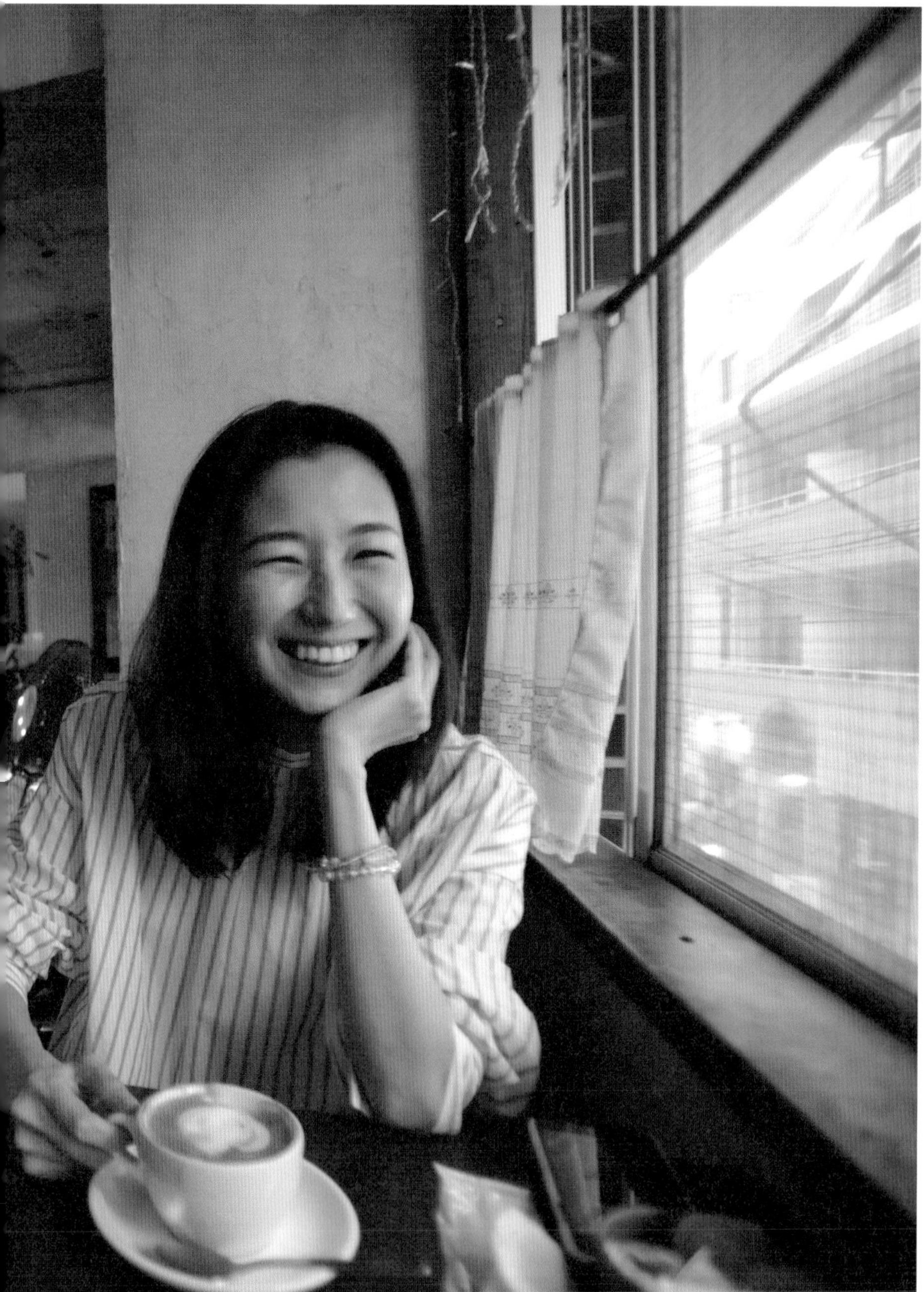

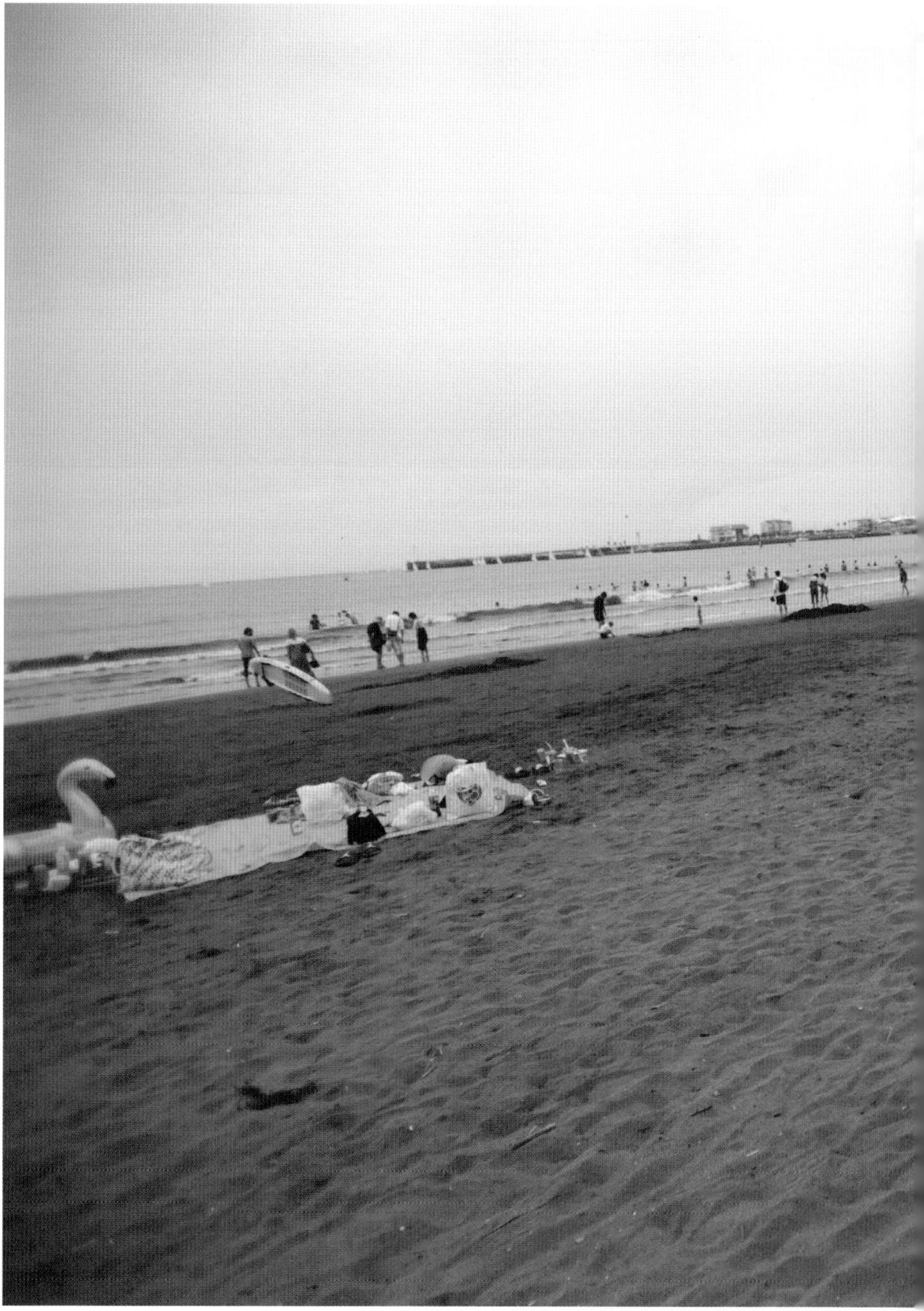

あとがき

この本が出版される２０２３年は、わたしのデビュー二〇周年にあたります。いつの間にこんなに長くステージに立っていたのかなって、自分でもほんとうにびっくりしちゃう。

もう続けられないかな、なんて思うことも、一度や二度じゃないけれど、続けてこれたのはたくさんの方の支え、応援があったから。

だけど節目の年に、まさかエッセイ集を本にして出せるなんて思いもしませんでした。

この本を書くきっかけにもなった、性被害の長い苦しみ。

恋愛にはだいぶ影響があったけれど、ステージで歌うことにも、数年ほど前から少し影響が出ていました。体や声が固まってしまうような感覚が不安で、少しずつカウンセリングで癒しながら、乗り越えられる瞬間をずっと探してたの。

過去を受け入れることができなくて、どこか自分のことをあまり見ないようにして生きてきたから、人に伝えるために文章にするのは、最初のうちはとても時間がかかりました。

苦しくもあったけれど、だんだんと自分を取り戻して満ちていくようで、途中からはとても楽しくなっていって。

今は魂に栄養がいきわたっている、そんな感じがしてます。

初めての作業に、このあとがきを書いている今もまだ、「ちゃんと書けたのかな」ってちょっぴり不安。

だけど、ほんの少し目線を上げるきっかけになるような光を感じてもらえたら嬉しい。

そしてわたし自身も、またつまずいたり苦しいことがあったら読み返したいな。

子宮頸がんの異形成（前がん）は、半年ほど経ったころにセカンドオピニオンを求めたんです。「ウイルスが傷をつけた形跡はあるから確かにいたんだろうけれど、検査の結果ウイルスがいない。たまにいるんだよねそういう人。よかったね、最良の結果です。大丈夫、これからは僕が守るから」と、まるでプロポーズのような台詞つきで、お医者さんは笑顔で話してくれました。

そこから半年をかけて子宮頸がんの予防ワクチンを打ちました。わたしが若いころはまだなくて打っていなかったから。今は防げる病気だと聞いています。やっぱりね、くやしい気持ちになっちゃうね。諸外国のように、男女ともに予防ワクチンが普及してほしいと願います。

これからも引き続き、定期検診はちゃんと受けるからね。みんなも受けてね。

たったひとりしかいない、特別な「わたし」。あなたも、わたしも。

どんな経験もきっと、美しい花を咲かせてくれると信じたい。過去は学ぶために振りかえって、あとは前を向いて、風のように、波のように、進んでいけたらいいな。

コラムを寄せてくれた大切な仲間、ブラジル音楽専門ピアニストの今井亮太郎さん、フルート奏者の満島貴子さん、川満直哉さんに、近いうちご飯をご馳走しなくっちゃね（笑）。

そばにいてくれる、家族や友達、共演ミュージシャン、支えてくれるスタッフ、ファンのみんな。お礼を言いたい人たちがたくさんで、書ききれないけれど、本当に本当にありがとう。

最後に、粗起こしの段階のもっともっと混沌としたところから、編集の河出岩夫さんには読んでいただいて、きっととっても大変だったのではと想像しています。

このエッセイのお話がなかったら、わたしは心を開けないでいる期間が、もう少し長かったんじゃないかと思います。改めて、心からの感謝を申し上げます。

いつでもスタートラインの気持ちで、また一歩。

名残惜しいけれど、わたしのお話はそろそろおしまい。

次はライブ会場やネット配信で、もしくはまた別の文章で。

あなたとお会いできるのを、心から楽しみにしています。

Karen Tokita

Karen Tokita

湘南生まれのボサノヴァシンガー。幼い頃から歌が好きだったが、声が小さく引っ込み思案。ある時、母の勧めでボサノヴァに出会い、2003年にギター弾き語りスタイルでデビュー。穏やかなリズムと柔らかな声で、忙しい現代人に穏やかなひとときを届けている。

撮影　平野敬子（カバー、メインビジュアル）
ヘアメイク　藤原香織
アシスタント　平田勇二
写真提供　髙橋こずえ、黒澤裕二（砂しゃん）、Shobooon K
撮影協力　Jz Brat Sound of Tokyo（渋谷）、Coloridas Kamakura（鎌倉）、天狼院書店「湘南天狼院」（片瀬江ノ島）、Ocean Harvest COCOMO（由比ヶ浜）、CUPS kamakura（由比ヶ浜）
コラム　満島貴子、今井亮太郎、川満直哉（敬称略、順不同）

歌って、恋して、生きてやる　あるボサノヴァシンガーの告白

2023年8月1日 初版発行

著者　Karen Tokita
発行人　河出岩夫
発行　河出書房
〒140-0011 東京都品川区東大井2-17-14
03（5762）7776
発売　河出書房新社
〒151-0051 東京都渋谷区千駄ヶ谷2-32-2
03（3404）1201（営業）

編集補佐　宮野真有
デザイン　髙野顕史
印刷　シナノ書籍印刷

ISBN978-4-309-92261-4　